Den Islam kennen & lieben lernen

Ein Kinderbuch zur Einführung in die Religion des Islam

COLLECTION SINCERE SEEKER KIDS

Was ist der Islam?

Der Islam bedeutet, unserem Schöpfer, dem Schöpfer von dir und mir, dem Schöpfer dieser ganzen Welt und von allem, was uns umgibt, zu gehorchen und sich ihm vollständig hinzugeben. Wir können nur dann friedlich und glücklich in dieser und in der nächsten Welt leben, wenn wir uns Gott unterordnen, indem wir an ihn glauben und seinen Geboten gehorchen.

Der Islam ist eine Religion, in der die Muslime an den einen wahren Gott, Allah, glauben und ihn anbeten, der alles weiß und allmächtig und allliebend ist. Er liebt uns sehr, und wir sollten ihn auch lieben.

Der Islam ist eine vollständige Lebensweise, die uns lehrt, wie wir unser Leben leben sollen, was gut und was schlecht für uns ist, sowie Liebe und Frieden. Wenn wir dem Islam folgen, werden wir bessere Menschen sein.

Der Islam lehrt uns, dass wir nett zu unseren Eltern, Freunden und Nachbarn sein sollen. Der Islam lehrt uns, dass wir den Bedürftigen helfen und unser Leben so gut wie möglich leben sollen. Allah hat uns geschaffen, damit wir ihn anbeten können, und er hat uns geschaffen, um uns zu prüfen. Wenn wir an Gott glauben und ein gutes Leben führen, werden wir im Jenseits mit dem Paradies belohnt, wo wir für immer leben werden und uns alles wünschen können.

Wer ist Allah?

Das Wort "Allah" ist der Name Gottes. Er ist der eine und einzige Gott. Allah hatte nie einen Anfang und wurde nie geboren. Allah wird niemals ein Ende haben. Er ist der Schöpfer des Himmels und der Erde, der Schöpfer des Universums, der Schöpfer von dir und mir. Alles gehört Allah. Er ist der König aller Könige. Allah hat weder Vater, noch Mutter, noch Sohn, noch Tochter, noch Familie, noch irgendeinen Seinesgleichen. Nichts ist wie Allah. Unser Verstand kann sich nicht vorstellen, wie er aussieht. Allah wird nicht müde, Er ruht nicht, und Er schläft nicht.

Allah weiß alles. Allah sieht und hört alles. Allah ist derjenige, der uns mit vielen köstlichen Speisen, schmackhaften Getränken und einem gemütlichen Zuhause versorgt. Er ist derjenige, der uns Regen schickt, die helle Sonne scheinen lässt und den schönen großen Mond beleuchtet. Er ist derjenige, der uns unser Leben, unsere liebevollen Eltern und unsere glücklichen Familien geschenkt hat. Er hat uns die Fähigkeit gegeben, zu hören, zu fühlen, zu schmecken und zu sehen. Gott hat uns mit unseren Herzen, unserem Verstand, unseren Seelen, unseren Stärken und Fähigkeiten ausgestattet. Allah gibt und gibt und gibt.

Allah verdient es, dass man ihn verehrt und ihm gehorcht. Allah ist der Liebendste, der Barmherzigste und der Vergebendste. Wir sollten uns an Allah wenden, wenn wir einen schlechten Tag haben, und wir sollten Allah danken, wenn wir einen guten Tag haben. Wir sollten zu Allah sprechen, Dua und Gebete sprechen und ihn um alles bitten, denn ihm gehört alles. Er hört immer zu und kann alles hören, was wir sagen und fragen. Er kennt jedes Geheimnis. Auch wir sollten uns an Allah wenden, um Antworten, Hilfe und Schutz zu erhalten. Gott ist derjenige, der sich um uns kümmert, uns beschützt und uns so sehr liebt. Wenn wir einen Fehler machen, können wir Allah um Vergebung bitten, und Er wird es akzeptieren und uns vergeben. Allah ist über uns, über den Himmeln, über seinem Thron. Allah hat viele Namen. Allah hat 99 besondere Namen. Wir sollten versuchen, sie zu lernen und auswendig zu lernen, um mehr über ihn zu erfahren und ihm näher zu kommen. Allah sollte unser bester Freund sein. Er kennt uns und liebt uns so sehr; wir sollten ihn kennenlernen und ihn zurücklieben.

Was ist der Heilige Koran?

Allah spricht zu uns und sagt uns in seinem Buch, dem Heiligen Koran, was wir tun und was wir nicht tun sollen. Das Wort Koran bedeutet "Rezitation" Allah sandte den Heiligen Koran mit dem Engel Gabriel herab, der ihn dem Propheten Mohammed, Friede sei mit ihm, vortrug, der ihn dann an uns weitergab. Der Heilige Koran wurde im Heiligen Monat Ramadan, dem 9. Monat des islamischen Kalenders, offenbart. Der Heilige Koran ist das genaue Wort Allahs, Wort für Wort, Buchstabe für Buchstabe. Der Heilige Koran ist nie verändert worden. Der Heilige Koran ist in arabischer Sprache verfasst.

Der Heilige Koran enthält die Wünsche und die Botschaft Gottes an uns, und wir sollten ihn jeden Tag lesen. Der Heilige Koran ist ein Leitfaden dafür, wie wir unser Leben leben sollten. Der Heilige Koran lehrt uns, wahrhaftig zu sein und niemals zu lügen oder zu betrügen, den Armen Almosen zu geben und freundlich und gerecht zu unseren Eltern, Nachbarn, Verwandten und Freunden zu sein. Der Heilige Koran warnt uns davor, Menschen, Tiere und Pflanzen zu misshandeln. Der Heilige Koran lehrt uns Liebe, Mitgefühl, Glauben und Wohlwollen. Allah erinnert uns im gesamten Heiligen Koran an seine Liebe, sein Mitgefühl und seine Barmherzigkeit. Wenn wir dem Heiligen Koran folgen, werden wir in dieser Welt ein gutes Leben führen und im Paradies belohnt werden.

Der Heilige Koran wird von Millionen von Menschen aller Altersgruppen auf der ganzen Welt auswendig gelernt. Es ist das meistgelesene Buch der Welt. Allah hat im Heiligen Koran versprochen, dass er für die Menschen leicht zu verstehen und auswendig zu lernen ist. Der Heilige Koran ist dazu bestimmt, laut und in einem schönen, melodischen Ton gelesen zu werden. Der Heilige Koran besteht aus 114 Kapiteln, die auf Arabisch Surah genannt werden, und jeder Satz oder jede Phrase wird als Ayat bezeichnet. Der Heilige Koran ist das größte Wunder Gottes und enthält Hunderte von Wundern. Wir sollten den Heiligen Koran jeden Tag lesen und versuchen, seine kraftvollen Bedeutungen und Lehren zu lernen.

Wer sind Gesandte und Propheten Gottes?

Gott der Allmächtige hat Gesandte und Propheten erwählt, um uns seine Botschaft zu überbringen und uns zu lehren, was er von uns will und erwartet. Gott hat uns im Laufe der Geschichte Tausende von Propheten und Gesandten gesandt. Jedes Volk der Erde hat einen Gesandten oder Propheten erhalten. Alle Gesandten und Propheten Gottes haben die gleiche allgemeine Botschaft gelehrt, daß es niemanden gibt, der anbetungswürdig ist, außer Allah, und daß Er der Einzige ist, ohne Partner, Sohn, Tochter oder Gleichen. Alle anderen Götter sind falsch und Schöpfungen Gottes, nicht der eigentliche Schöpfer. Auf Allahs Gesandte und Propheten zu hören und ihnen zu gehorchen, würde uns dazu bringen, eine Beziehung zu Allah aufzubauen und Ihn zu lieben.

Muslime glauben, respektieren, ehren und lieben alle Gesandten und Propheten Gottes, beginnend mit dem Propheten Adam, einschließlich Noah, Abraham, Ismael, Jakob, Moses und dem Propheten Jesus, Friede sei mit ihnen allen, die die Menschen zur Anbetung Gottes eingeladen haben. Gott hat die Besten unter uns ausgewählt, um seine Botschaft zu überbringen. Die Propheten und Gesandten waren die Besten in Sachen Moral und Umgangsformen. Der letzte und endgültige Gesandte und Prophet Gottes ist der Prophet Mohammed, Friede sei mit ihm, der zum letzten und endgültigen Volk, unserem Volk, gesandt wurde.

Wer waren die früheren Nationen und was geschah mit ihnen?

Alle Propheten Gottes kamen mit Wundern und Zeichen, um zu beweisen, dass Gott sie gesandt hat. Nur Propheten können Wunder vollbringen. Gott schenkte dem Propheten Moses, Friede sei mit ihm, Wunder, wie etwa die Kraft, seinen Stock in eine Schlange zu verwandeln und das Rote Meer zu teilen. Diese Wunder sollten die Menschen demütigen und sie daran erinnern, dass die Macht, die Kontrolle und die Kraft Gottes wahr sind. Der Prophet Jesus, Friede sei mit ihm, wurde auf wundersame Weise ohne Vater geboren und war in der Lage, Leprakranke zu heilen, Blinde zu heilen und Tote auferstehen zu lassen, alles mit der Erlaubnis und dem Willen Gottes. Dem letzten und endgültigen Propheten Gottes, Mohammed, Friede sei mit ihm, wurde ein Wunder geschenkt, das wir heute alle sehen und hören können: der Heilige Koran, der Hunderte von Wundern enthält.

Der Heilige Koran erzählt Geschichten von früheren Völkern, zu denen Gesandte und Propheten herabgesandt wurden, um Gottes Botschaft zu überbringen. Aber das Volk lehnte die Botschaft Gottes ab, war ungehorsam und verleugnete sie. Gott sandte den Propheten Noah, Friede sei mit ihm, zu seinem Volk, wo er 950 Jahre lang die Botschaft Allahs verkündete und die Menschen aufforderte, den Einen Gott anzubeten und seine Gebote zu befolgen, aber nur wenige Menschen glaubten an ihn. Sein Volk lehnte ihn ab und machte sich über ihn lustig. Nach der Verleugnung wies Gott den Propheten Noah an, ein Schiff zu bauen. Seine Leute hielten ihn für verrückt, weil er ein Schiff an Land baute, wo es kein Wasser gab.

Bald begann das Wasser aus der Erde zu kommen und vom Himmel zu fallen. Gott wies den Propheten Noah an, mit denen, die an seine Botschaft glaubten, in das Schiff zu steigen. Außerdem bat er den Propheten Noah, von jedem Tier ein Männchen und ein Weibchen an Bord zu nehmen. Dann ließ Gott eine große Flut kommen, bei der das Wasser aus allen Ritzen der Erde quoll und Regen vom Himmel fiel wie nie zuvor. Dann spülte die Flut die bösen Menschen weg.

Wer ist der Prophet Mohammed?

Vor dem Propheten Mohammed, Friede sei mit ihm, wurden die Propheten nur zu bestimmten Menschen an bestimmten Orten und zu bestimmten Zeiten gesandt. Der Prophet Mohammed ist jedoch der letzte und endgültige Prophet, der für die gesamte Menschheit bis zum Ende der Zeit bestimmt ist. Der Prophet Mohammed, Friede sei mit ihm, wurde in Mekka auf der arabischen Halbinsel geboren. Die Menschen in Mekka waren Götzenanbeter, und die Gegend und die damalige Zeit waren voller Unwissenheit, Dummheit und Irreführung. Im Alter von vierzig Jahren erhielt der Prophet Mohammed in einer Höhle seine erste Offenbarung von Gott durch den Engel Gabriel. Danach verbrachte er den Rest seines Lebens damit, die Lehren des Heiligen Koran und des Islam, der Religion, die Gott ihm offenbart hatte, zu erklären und zu leben.

Obwohl er in seiner Gemeinde als *"der Wahrhaftige, der Vertrauenswürdige"* bekannt war, glaubte die Mehrheit seines Volkes weder ihm noch seiner Botschaft. Bald darauf wurden die Menschen, die an die Botschaft glaubten, von den Menschen, die nicht an die Botschaft Gottes glaubten, schlecht behandelt. Der Prophet Mohammed, Friede sei mit ihm, verbreitete dreizehn Jahre lang die Botschaft Gottes in der Stadt Mekka. Dann zogen der Prophet Mohammed und die Gläubigen in die Stadt Medina, wo er viele Anhänger gewann, die ihn zum Anführer der Stadt machten.

Die Ungläubigen von Mekka planten und versuchten, den Islam und die Muslime anzugreifen, aber die ursprünglich kleine Gruppe der Muslime wuchs an und konnte den Angriff der Ungläubigen überleben. Innerhalb von zehn Jahren führte der Prophet eine Armee zurück nach Mekka und eroberte Mekka. Später verbreitete sich der Islam über die ganze Welt. Der Prophet Mohammed starb im Jahr 632. Gott sagt im Koran, dass Er den Propheten Mohammed, Friede sei mit ihm, nur als eine Barmherzigkeit für uns gesandt hat.

Der Prophet Mohammed, Friede sei mit ihm, wurde gesandt, um uns zu führen und zu Allah zu bringen. Der Prophet Mohammed, Friede sei mit ihm, verstand den Heiligen Koran. Er liebte den Heiligen Koran und lebte sein Leben auf der Grundlage seiner Lehren. Er ist das beste Vorbild für uns. Er ist derjenige mit herausragenden Tugenden und Eigenschaften. Er war der beste Ehemann, Vater, Großvater, Führer, Lehrer, Richter und Staatsmann. Er predigte Gerechtigkeit, Fairness, Frieden und Liebe.

Muslime versuchen, den Glauben, das Verhalten, die Einstellung, die Geduld, das Mitgefühl und die Rechtschaffenheit des Propheten Mohammed zu kopieren und zu befolgen. Der Akt der Nachahmung des Propheten wird als *"Sunna"* bezeichnet Wir versuchen, die Art und Weise zu kopieren, wie der Prophet aß und trank, in welcher Position er schlief, wie er sich verhielt und wie er mit anderen umging.

Was ist ein Muslim?

Das Wort *"Muslim"* bedeutet jemand, der sich Allahs Willen und Gesetzen unterwirft. Die Botschaft des Islam war immer für alle Menschen bestimmt. Jeder, der diese Botschaft annimmt, wird Muslim. Einer von vier Menschen auf dieser Erde ist ein Muslim. Es gibt 1,8 Milliarden Muslime auf der Welt, das sind etwa 24 % der Weltbevölkerung. Nur 18 % der Muslime sind Araber. Viele Muslime leben in Europa, Südostasien und im Westen. Der Islam ist nicht auf eine bestimmte Ethnie oder Gruppe von Menschen beschränkt. Muslime sind Menschen mit einer Vielzahl von ethnischen Hintergründen, Rassen, Kulturen und nationalen Ursprüngen.

Im Islam umfasst die Verehrung Gottes jede Handlung, jeden Glauben und jede Aussage, die Gott gutheißt und liebt. Alles, was einen Menschen näher zu Allah bringt, ist ein Akt der Anbetung. Zur Anbetung Allahs gehören die täglichen rituellen Gebete, das Fasten, die Wohltätigkeit und sogar der Glaube an die Engel, Gottes Bücher und seine Propheten. Zur Anbetung Gottes gehört auch, Gott zu lieben, ihm dankbar zu sein und ihm zu vertrauen.

Was ist der Zweck unseres Lebens?

Wir können den Sinn unseres Lebens nur erkennen, wenn Gott uns führt. Wir müssen unseren Schöpfer um Führung bitten, damit er uns den geraden Weg zeigt und uns lehrt, warum wir geschaffen wurden. Gott leitet uns durch sein Buch, den Heiligen Koran, und durch Gebete. Unser Ziel ist es, an ihn zu glauben und ihm ein guter Diener zu sein, indem wir ihm gehorchen und gut sind. Diejenigen, die diese Prüfung bestehen, werden für immer ins Paradies eingehen. Der Zweck unseres Lebens ist es, Allah zu finden, eine Beziehung zu Ihm aufzubauen und unser Bestes zu geben, um Seinen Geboten zu gehorchen und der beste Mensch zu sein, der wir sein können. Das Leben in dieser Welt ist auch eine Prüfung für uns. Gott prüft uns alle. Wenn wir als Muslime ein gutes Leben führen, bestehen wir die Prüfung.

Was sind Hadith und Sunna?

Der Heilige Koran ist die Hauptquelle des Islam und das wörtlich gesprochene Wort Gottes. Der Heilige Koran ist das einzige Buch der Welt, das das genaue und reine Wort Gottes selbst enthält. Der Hadith ist die zweite Quelle des Islam. Im Gegensatz zum Koran wurden die als Hadith bekannten Aussagen von Menschen und nicht direkt von Gott bewahrt.

Während der Prophet Mohammed, Friede sei mit ihm, die Lehren des Islam und den Heiligen Koran praktizierte und seinen Gefährten predigte, berichteten seine Gefährten über die Aussagen, Handlungen und Überzeugungen des Propheten und zeichneten sie auf. Die Gefährten des Propheten Mohammed, Friede sei mit ihm, sammelten sie, und später sammelten Gelehrte, die sich auf Hadithe spezialisiert hatten, diese Berichte, und sie wurden Hadithe genannt.

Hadith bezeichnet eine Überlieferung oder einen Bericht, den der Prophet Mohammed, Friede sei mit ihm, gesagt, getan oder gebilligt hat. Hadith kann sich auch auf die Reaktion oder das Schweigen des Propheten als Antwort auf etwas, das von anderen gesagt oder getan wurde, beziehen.

Die Handlungen und Praktiken des Propheten werden Sunna genannt. Der Prophet Mohammed ist für uns ein heiliges Vorbild, das wir kopieren und dem wir folgen sollten, da Gott ihn uns als Beispiel dafür gesandt hat, wie wir unser Leben leben sollten.

Was sind die Sechs Glaubensartikel?

Um Muslim zu werden, muss jeder Anhänger an sechs Glaubensartikel glauben (was im Arabischen mit dem Wort Iman übersetzt wird). Diese sechs Glaubensartikel bilden die Grundlage des islamischen Glaubenssystems. Die sechs Artikel des Glaubens sind:

Glaube an das Einssein Allahs
Der Glaube an die Engel Allahs
Glaube an die Propheten und Gesandten Allahs
Der Glaube an die Bücher Allahs
Glaube an den Jüngsten Tag, die Auferstehung und das Jüngste Gericht
Glaube an die göttliche Vorbestimmung

Das Einssein Gottes

Der erste und wichtigste Glaubensartikel im Islam ist der Glaube an das Einssein Gottes. Der Glaube beginnt mit dem Glauben an Allah, den Herrlichen, von dem alle anderen Facetten des Glaubens ausgehen. Ein Muslim glaubt und erkennt an, dass niemand außer Allah, unserem Schöpfer, seiner Verehrung, Liebe, Treue, Aufopferung, Hoffnung und Furcht würdig ist. Gott mag es nicht, wenn Menschen andere Götter als ihn anbeten, denn alle anderen Götter sind falsch. Gott ist der Einzige, dem die Anbetung gebührt.

Was sind die Fünf Säulen des Islam?

Die Religion des Islam beruht auf fünf Säulen. Diese Fünf Säulen oder religiösen Pflichten sind obligatorisch, und jeder Muslim muss sie befolgen und nach besten Kräften praktizieren. Die Fünf Säulen werden im Heiligen Koran und in den Überlieferungen des Propheten Mohammed, Friede sei mit ihm, die als Hadith bekannt sind, einzeln erwähnt. Die Fünf Säulen des Islam sind:

Zeugnis des Glaubens an die Einheit Gottes (Allah) und an den letzten und endgültigen Propheten Mohammed, Friede sei mit ihm
Einführung der fünf Pflichtgebete
Fürsorge und Almosen für die Bedürftigen (Zakat auf Arabisch)
Fasten während des Monats Ramadan (zur Selbstreinigung)
Die Pilgerfahrt nach Mekka (mindestens einmal im Leben für diejenigen, die sie durchführen können und sich leisten können)

Muslime nehmen diese fünf Säulen sehr ernst und räumen ihnen Vorrang vor anderen Dingen im Leben ein.

Was ist Dschanna (Paradies)?

Dschanna wird oft mit *"Grüner Garten"* übersetzt Dschanna oder das Paradies befindet sich im siebten Himmel. Alle Muslime müssen an Dschanna (Paradies) glauben. Dschanna ist der schöne, entspannende, friedliche und lustige Ort, an dem Muslime, die an Gott glauben und ein gutes Leben führen, für immer leben werden. Was immer sich jemand für Dschanna wünscht, wird er bekommen. Die Menschen in Dschanna werden nur gute Dinge sehen und schöne Klänge hören. Die Menschen in Dschanna werden mit anderen guten Menschen zusammen sein und sich mit ihren rechtschaffenen Familienmitgliedern wiedervereinen. In Dschanna gibt es keine Traurigkeit, keinen Schmerz, keine Sorgen, keine Langeweile, keinen Ärger, keinen Hass, keine Eifersucht, keine Krankheit und keine Angst.

Dschanna ist so groß und schön, dass unser Verstand es sich nicht einmal vorstellen kann, wie es ist. Das Paradies hat sieben Ebenen, und jede Ebene hat viele Stufen, Ebenen und Kategorien. Jede höhere Stufe im Paradies bietet größere Freuden und Vergnügen und ist erstaunlicher als die darunter liegende Stufe. Das Paradies hat acht Pforten. Die höchste Stufe des Paradieses wird *Jannat Ul-Firdous* genannt.

Das Paradies wird viele Häuser haben, die aus Gold und Silber sind. In diesen Palästen gibt es Räume über Räume, unter denen Wasserfälle herabstürzen. Der Boden von Dschanna besteht aus reinem weißen Moschus, und die Kieselsteine sind aus Perlen, Rubinen, Diamanten und Edelsteinen. Die Menschen in Dschanna werden sich in ihren luxuriösen, hohen, weichen Sofas und Betten mit Becherhaltern und bequemen Decken zurücklehnen. Die Bewohner des Paradieses werden essen und trinken, was sie wollen. Wenn man einen Vogel sieht, den man essen möchte, fällt er gebraten zwischen seine Hände. Es werden ihnen Becher aus glänzenden Rubinen, Perlen und Diamanten serviert. Die Früchte hängen frei von den Bäumen und werden automatisch heruntergelassen, damit sie sie genießen können. Die Kleider von Dschanna werden niemals abgenutzt oder altern.

Nichts wird geliebter und angenehmer sein als das beste Geschenk im Paradies, nämlich das Antlitz Allahs, des Herrlichen, zu sehen. Dies wird das wertvollste Geschenk für die Menschen sein, die ein gutes Leben geführt haben. Wir sollten unser Bestes geben, um ein gutes Leben zu führen, damit wir mit unseren Familien ins Paradies kommen und glücklich bis ans Ende unserer Tage leben können.

La fin.

www.ingramcontent.com/pod-product-compliance
Lightning Source LLC
Chambersburg PA
CBHW061107070526
44579CB00011B/168